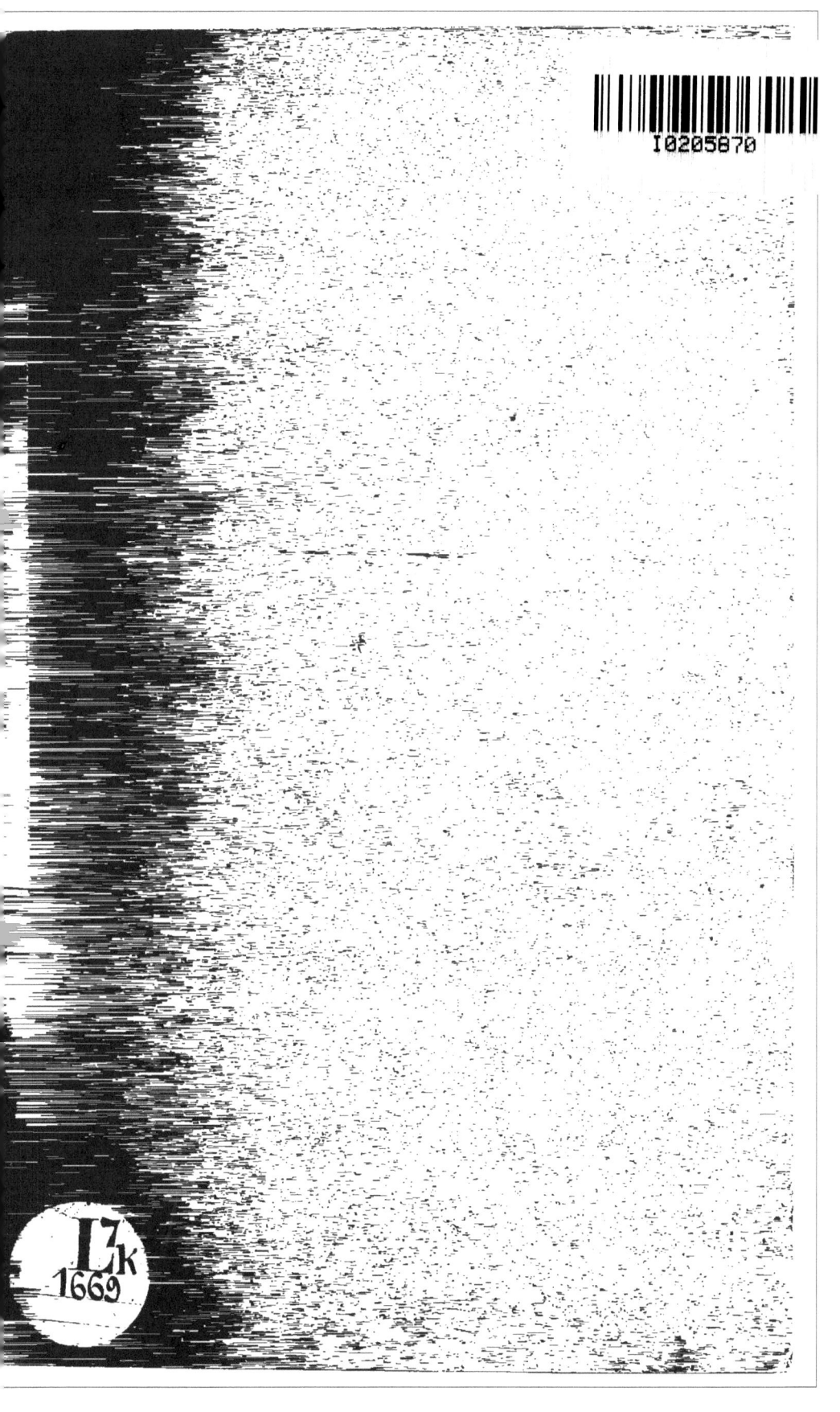

7
Lk 1669:

(Extrait des Travaux de la Société d'Agriculture, Sciences & Arts d'Agen.)
Tome Ier. — IIe Série.

RÉFUTATION

D'UN PASSAGE DE L'HISTOIRE COMPLÈTE DE BORDEAUX,[1]

RELATIF AU CASSINOGILUM DE CHARLEMAGNE,

PAR

M. THÉODORE DE PICHARD,

Membre correspondant.

Certaines questions historiques ont été l'objet de tant de controverses, qu'on a, pour ainsi dire, mauvaise grâce à les reprendre, alors surtout que des autorités considérables ont jeté leur poids dans la balance, et que, par une sorte de lassitude, l'opinion publique semble avoir accepté la solution. Que sera-ce si le champion qui se lance encore dans la mêlée n'y apporte que des armes mal trempées et un nom parfaitement inconnu? C'est, hélas! l'histoire du Cassinogilum de Charlemagne, et c'est aussi la situation du nouveau défenseur des droits de Casseuil. Il n'a fallu rien moins qu'une conviction profonde pour le déterminer à rompre le silence et à combattre l'opinion de M. l'abbé O'Reilly, dont il honore le talent et dont il respecte le caractère; mais la vérité a aussi ses droits, droits imprescriptibles et sacrés qu'il est toujours temps de revendiquer et qui communiquant leur force aux plus humbles combattants, peuvent faire triompher la faiblesse même.

---

[1] Par M. l'abbé O'Reilly.

On lit dans le tome 1er du grand ouvrage de M. l'abbé O'Reilly : « Charlemagne rassembla ses forces, arriva dans nos contrées, fonda le monastère de Squers (La Réole), et s'arrêta, au printemps de l'année 778, au château royal de Casseneuil (Sainte-Livrade), dans l'Agenais, pour y faire ses pâques, etc. »

Non content de cette affirmation, M. O'Reilly essaie d'établir, dans une note de quatre pages,[1] que Casseneuil, dans l'Agenais, fut le véritable emplacement du palais de Charlemagne et le berceau de Louis-le-Débonnaire. C'est surtout à cette note, où sont invoqués avec un grand luxe d'érudition tous les textes favorables à Casseneuil, que nous répondîmes dans le temps (1857). Nous ne connaissions pas alors les essais d'Argenton sur l'Agenais et le savant appendice dont les a fait suivre notre honorable collègue, M. *Adolphe* MAGEN.[2] Nous eussions puisé dans cet excellent travail de nouveaux arguments, ou plutôt nous nous serions dispensé de donner suite à notre propre réfutation. Quoi qu'il en soit, nous allons mettre en regard les objections de l'historien de Bordeaux et nos réponses à chacune d'elles.

Comme M. O'Reilly, nous prenons pour point de départ le texte d'Aimoin, qui écrivait à deux cents ans de distance des événements qu'il raconte, qui avait vu les lieux, qui était du pays, et dont les assertions, quant à ce fait particulier, ont, par conséquent, une incontestable valeur. Voici ses paroles :

.... « Hujus sunt testes rei non solùm Sequanico Ligericoque littore quibus Neustria nobilitatur fluminibus, Dordonniæ seu Garonnæ quarum Aquitania insignitur fluentis adhærentium urbium ; verum etiam præeminentium ruinæ ædificiorum, interque eminentissimum illud Caroli Magni principis palatium *Cassignol*, gloria quondàm et decus cunarum filii ejus jàm præfati Hludovici pii, quod ità Deo volente, inimica gens subvertit ut inhabitabile redderet, et tamen quid aliquandò fuerit manifestè appa-

---

[1] Même tome, page 665.
[2] *Recueil des travaux de la Société*, tom VIII, 1re partie. page 155.

reat, id eò loci situm est quò torrens Quodrot Garonnam influit, turrim lateritiam in margine memorati torrentis extructam habens, è quà et adventus prævidet, et ingressus hostilium possit arceri navium, simulque ut classis regia, absque adversariorum impedimento fabricata, in minori ad fluenta majoris deduceretur amnis. Habet verò ecclesiam ampliori ecclesiæ conjunctam miro opere ex lateribus fornicatam, in quà, si benè visa recordor, permodicum habetur sarcophagum in quo frater Hludovici pii geminus ille putatur sepultus, etc. etc.[1]

Pour échapper à ce texte dont les défenseurs de Casseuil-sur-Garonne ont bien quelque droit de se prévaloir, les partisans de l'opinion contraire ont fait deux ordres d'objections. D'abord, Aimoin n'a pas pu, malgré la similitude des noms vulgaires qu'il emploie, vouloir désigner la rivière du Drot ni le lieu de Caudrot, placé près de l'embouchure de cette rivière dans la Garonne. Ce qu'il dit de la flotte royale ne peut s'entendre que de *petits bateaux* au service de la maison de l'Empereur, et, *au bout du compte* (nous empruntons les expressions de M. l'abbé O'Reilly), Aimoin n'est qu'un *pauvre historien, une bien faible autorité.*

Après avoir traduit en substance le texte de notre historien, M. O'Reilly ajoute :

« Casseuil, dans le Bordelais, n'a rien en fait de ruines qui puisse nous rappeler l'architecture du viiie siècle : pas le plus petit monument, pas la moindre trace d'un palais. La petite rivière *le Dropt* se décharge un peu plus loin dans la Garonne, mais comment l'a-t-on appelé un torrent et surtout le torrent *Quodrot?* Ce mot est-il le même que celui qu'on emploie pour désigner le bourg qui se trouve à l'embouchure? Mais le village de Caudrot, dit-on, est ainsi appelé à cause de sa position sur le Dropt, *Cauda-Dropti;* c'est une erreur : ce nom vient de *calcis,* cauz, en patois (chaux) et *rupes,* roc, parce que le bourg fut bâti sur des rochers calcaires, *calcis-rupes, cauz-roc.* Le torrent

---

[1] *De miraculis Sancti Benedicti.* Lib. II, cap. 1.

qu'Aimoin appelle *Quoderot* ne peut être le Drot qui coule paisiblement à travers de fertiles campagnes et ne ressemble en rien aux torrents des montagnes. »

Voyons un peu la valeur de ces objections :

« Casseuil n'a rien, en fait de ruines, qui puisse nous rappeler l'architecture du viiie siècle. »

Cela est vrai, sans doute, en 1857, alors que dix siècles et les Barbares ont passé à la fois sur Casseuil et sur son quasi-homonyme de l'Agenais; mais cette destruction ne fut pas instantanée, et sans parler du témoignage d'Aimoin, sur lequel cependant nous reviendrons tout-à-l'heure, d'Aimoin qui avait vu à Gironde une tour en briques, *turrim lateritiam*, nous pouvons invoquer un document que M. O'Reilly ne récusera pas sans doute, la *Chronique bazadaise*, d'où nous extrayons textuellement ce qui suit :

« Extant passim (dans le Bazadais) ruinæ ædificiorum vel urbium eversarum quœ præ se ferunt certissima antiquitatis monumenta ut *moles illa lateritia, tota solida, instar turris*, fossis præcincta, in oppido de *Gironde*, ad confluentem Garumnæ et Droti; fundamenta murorum inter Cauderot et Gironde, in parrochia de *Casseuilh* ubi sæpius reperta vetus moneta etc. »

Voilà ce qu'on voyait encore du temps du chanoine Dupuy, continuateur de la Chronique, c'est-à-dire au commencement du xviie siècle !

Mais voici ce que pensait de Caudrot, le chanoine Garsias, le premier auteur du *Chronicon Vazatense* qui vivait vers 1140 :

« Anno 1017. — Urbs dicta Cauderot ad ostium fluminis Drothi sita, quæque indè videtur sortita appellationem quod *in calce seu in caudâ Drothi* posita sit, *prius regalibus œdificiis constructa*, sed postea à Normanis diruta, partim donatur, partim venditur cœnobio Condomiensi a Bernardo de Taurignac.[1] »

---

[1] « Quidam miles non infimi generis, sed præcipuæ nobilitatis et potentiæ, Ber-

Ces témoignages ne s'accordent pas trop mal, ce nous semble, avec celui du moine Aimoin. Mais est-ce bien du Drot et de la tour placée à son embouchure que ce dernier a voulu parler? Son *Cassignol* est-il bien notre Casseuil?... C'est lui-même qui va répondre à cette question.

Dans la vie de saint Abbon, Aimoin raconte le voyage que ce vénérable abbé du monastère de Fleury-sur-Loire entreprit pour venir rétablir l'ordre et la discipline dans le couvent de La Réole. Ici, la parole de l'historien acquiert un degré d'incontestable authenticité, puisqu'il était lui-même le compagnon de voyage et l'ami de son supérieur. Nous ne retracerons pas tout leur itinéraire, mais il importe à l'éclaircissement de la difficulté qui nous occupe que nous les suivions pas à pas, et une carte géographique à la main, depuis Angoulême :

« ... A quâ urbe (Engolismâ), die dominicâ, egressi dùm incerti pro advenientis noctis hospitio, ac idcircò mæsti incederemus, ostendit Dominus nobis nequaquam se oblitum illum sanctum habere virum, in cujus obsequio iter illud conficiebamus. Nam cum ad castrum cui *Albaterræ* nomen est tendere deliberassemus, repente Dominus ipsius castri, nobilis vir nomine Giraldus, post tergum nostrum celerrime adveniens apparuit... Porrò nos eâdem die quâ de *Albaterrâ* promovimus, transmeato *Ellâ* flumine, una cum beato Abbone in villâ quæ *ad Francos* dicitur hospitati sumus. Suscepit nos inibi genitrix mea memorati militis Geraldi consanguinea, vocabulo Annentrudes,

---

nardus de Taurinac vocatus, possidebat jure hœreditario locum super littus Garonæ positum, regalibus ædificiis olim, sicut apparet, constructum, at nunc præ nimia vetustate penitus dirutum et desolatum ; vocatur autem ab imminenti fluvio, qui ibidem finem accipit et Garona absorbetur *calcis droti*, demonstrans ruinas duarum ecclesiarum quarum principalis est in honore Sancti Christophori, altera in honore Sancti Eparcii......... Dedit etiam supra dictus Bernardus de Taurinac quasdam piscaturas Beato Petro in loco ubi *flumen calcisdrotum* conjungitur Garonæ etc., etc. »

(***Historia abbatiæ Condomensis** ex Spicilegio veterum aliquot scriptorum edito operâ D. d'Achery*. tom. II, pag. 588.) — Le manuscrit portait la date de 1371.

cum quantâ potuit humanitatis exhibitione. Indè ad fluenta *Dordonœ* ventum, quo enavigato amne Guasconiæ fines ingrediuntur. Transmeantibus Dordoniam, antequam ad præfatum veniatur Regulæ cœnobium, *Aroth seu Codrot torrens* occurrit. Transmeato sanè hoc pessimi occursûs *torrente* posterâ die ad monasterium Regulæ ventum.[1] »

Ainsi, voilà nos voyageurs qui, partant d'Angoulême, vont coucher à *Aubeterre*, passent l'*Isle*, et couchent le second jour à *Francs*,[2] où ils sont reçus par la mère même d'Aimoin. Puis ils traversent la Dordogne et entrent sur le territoire des Gascons. Enfin, il leur reste à surmonter un dernier obstacle, qui faillit être fatal à Abbon;[3] c'est le passage de l'*Aroth* ou *Codrot*, *torrent* qui les sépare encore de La Réole, où ils arrivent le lendemain.

Si nous ne nous abusons, ce second passage d'Aimoin, extrait d'un autre de ses ouvrages, est le meilleur commentaire du premier. Evidemment, le torrent *Aroth* ou *Codrot* qu'Abbon et lui traversent entre la Dordogne et La Réole, en venant de *Francs*, près *Lussac*, ne peut être que le *Drot*, dont le nom, ce qui n'a rien d'étrange, a pu se modifier depuis, et que notre auteur qualifie de torrent, *pessimi occursùs*, en souvenir de l'accident qu'y a éprouvé son saint abbé. Evidemment encore, c'est le même torrent *Quodrot*, dont l'embouchure dans la Garonne détermine la place de la tour en briques, *turrim lateritiam*, qui protégeait les chantiers de Charlemagne. Aimoin *n'a pas pu*, dirons-nous à notre tour, vouloir désigner par le même nom et la même qualification deux cours d'eau différents.

---

[1] *De Vitâ Abbonis*, c. 17, 18, 19 et 20.

[2] *Francs*, commune du canton de Lussac, arrondis. de Libourne (Gironde.)

[3] Transmeantibus Dordoniam, antequam ad præfatum veniatur Regulæ castrum, Aroth seu Codrot torrens occurrit, quem dum transire esset necesse, vir Dei (Abbo) lintrem quæ perexigua in illo habetur fluviolo, dum ascendit eâ introrsus à luloso littore relabente, cingulo tenus penè in aquam decidit, mirum dictu, vestigiis paululum madefactis, in reliquis vestimentis vix tenuis apparuit humor. (AIMOIN, *de Vitâ Abbonis*. c. 17.)

Poursuivons la série des objections.

« Comment, d'ailleurs, supposer qu'il y eut un chantier royal de construction maritime sur ce filet d'eau qui porte à peine de petites gabarres ? »

Il nous semble que M. l'abbé O'Reilly a pris soin de répondre lui-même à cette question,[1] en disant, avec beaucoup de raison, qu'une flotte royale, *classis regia, dans le sens que nous donnons aujourd'hui à ce mot,* ne peut pas entrer dans la Garonne; mais Voltaire nous explique suffisamment ce qu'il faut entendre par les *flottes* de cette époque : « Charles, dit-il, avait des forces navales, *c'est-à-dire de grands bateaux* aux embouchures de toutes les grandes rivières de son empire. Avant lui, on ne les connaissait pas chez les Barbares; après lui, on les ignora longtemps.[2]

Quoi d'étonnant dès lors qu'un chantier de construction pour de *grands bateaux* se soit élevé à l'embouchure du Drot, sous la protection d'une tour fortifiée et à quelques pas du Cassinogilum d'où Charlemagne, ainsi que l'a fait plus tard Pierre-le-Grand, cet autre homme de génie, voulait pouvoir surveiller l'exécution de ses ordres et diriger peut-être les travaux ? Assurément, la construction de navires se comprend beaucoup mieux à Gironde qu'à Casseneuil, sur le Drot que sur la Lède; il y a mieux : nous soupçonnons que ce nom de *Gironde* donné à un lieu précédemment désigné sous celui de *Villanova*,[3] servait à constater l'endroit où venait expirer alors le flux de l'Océan, de même que la Garonne, dans sa partie inférieure, a pris pour ce motif le même nom de *Gironde* « indè, dit Hauteserre,[4] *Gironda* sive *Girona,* quod æstu maris impellente, in se recurrat, et velut in Gyrum volvatur. » Explication beaucoup plus plausible à notre avis que

[1] Pages 667 et 668.
[2] *Essai sur les mœurs,* ch. 19.
[3] *Chronicon Vazat. anno* 1188. — [4] Lib. Ier, p. 95.

celle donnée par M. Dupin,[1] et de laquelle il résulterait que dans le XIV⁰ siècle, le baron de Gironde, appelé par le Roi d'Angleterre à prononcer sur le nom qu'il convenait de donner à la Garonne et la Dordogne réunies, aurait imposé le sien. — Ce qui rend surtout cette étymologie inadmissible, c'est qu'on trouve dès le XIII⁰ siècle la basse Garonne appelée Gironde « *in aquâ de Gerunde juxta Talamon.*[2] » En résumé nous disons qu'il est *très-probable* que la flotte de Charlemagne, (il s'agit pour nous de ses grands bateaux) était construite à l'embouchure du Drot d'où, au moment du flux, on les lançait dans la Garonne, « *ad fluenta majoris,* » conjecture qui n'aura rien d'étrange pour ceux qui connaissent les lieux et ce que M. O'Reilly appelle dédaigneusement « ce filet d'eau. »

L'historien de Bordeaux ajoute : « Comment nos chroniqueurs ne parlent-ils pas de ce beau palais de Casseuil? Tous nos historiens gardent le silence sur ce sujet. »

Mais c'est justement le contraire qui est exact, car tous les anciens chroniqueurs le mentionnent dans leurs annales. Il est vrai qu'ils en orthographient le nom de diverses manières, ce qui n'a rien d'étonnant eu égard à l'époque où ils écrivaient. Nous venons de voir le nom du Drot écrit de trois ou quatre façons différentes. Ménage a remarqué que dans un siècle bien plus rapproché de nous, le nom du grand Duguesclin avait reçu quatorze variantes, ce qui n'a jamais fait douter, que nous sachions, de l'unité du personnage si diversement désigné. Maintenant qu'Adhémar et Eginhard appellent le palais de Charlemagne *Cassinogilus;* que le continuateur d'Aimoin se serve du mot *Cassinoilum,* d'autres enfin *Cassanolii castrum*, tandis qu'Aimoin lui-même, ainsi que nous l'avons vu, emploie l'appellation vul-

---

[1] *Notice historique sur La Réole*, p, 272.
[2] *Archives de la mairie de Londres*, Reg. P. fol. 6, 17 août 1293. — Publiées par M. J. Delpit.

gaire *Cassignol* et en détermine l'emplacement; que faudra t-il conclure de cette divergence dans l'orthographe, sinon que le Cassinogilum a subi la loi commune et que des annalistes étrangers au pays ou des copistes négligents ont estropié son nom, sans détruire son identité.[1] Que des écrivains modernes se soient laissés égarer dans ce dédale de noms à peu près semblables, nous le comprenons à la rigueur, mais il nous semble que pour tout homme qui veut aller au fond des choses, entre une désignation vague, telle que celle d'Eginhard : « Pascha vero *in Aquita-« niâ* apud Cassinogilum celebravit, » et les expressions si claires d'Aimoin qui a vu les lieux : « *èo loci* situm est *quò torrens* « *Quodrot Garonnam influit* » le doute n'est plus possible.

Revenons à M. O'Reilly.

« Les pauvres ruines de Gironde datent tout au plus des XIII⁰ ou XII⁰ siècles.... Nous n'avons pas vu à Gironde une église en briques, ni une tour en briques, ni traces de palais; il n'y en a pas non plus à Casseuil. Il faut dont chercher le *Cassinogilus* ou *Cassinoglius* d'Aimoin quelque autre part. »

La conclusion serait rigoureusement exacte si nous pouvions passer les prémisses à M. l'abbé O'Reilly; mais indépendamment des extraits de la *Chronique Bazadaise* que nous avons déjà cités et qui nous semblent péremptoires, des témoignages modernes et respectables viennent en aide à ce pauvre Aimoin et seront peut-être de nature à modifier beaucoup de convictions.

M. Dupin, qui écrivait il y a une vingtaine d'années, croit voir dans la tour carrée qui existait encore alors à Gironde, le Cassinogilum lui-même. « Les murailles formées de débris

---

[1] Qu'on veuille bien relire la dissertation déjà citée de notre collègue M. *Adolphe* MAGEN sur le Cassinogilum, et l'on y trouvera (pag. 165) des observations pleines de sagacité sur la différence qui existe entre *Cassanolium (Cassanuol)* et *Cassinogilum (Cassinhol* ou *Cassignol)*. Ses inductions nous paraissent sans réplique.

romains et les ruines diverses que renferme le sol semblent le prouver.[1] »

M. Rabanis, longtemps doyen de la Faculté des Lettres de Bordeaux, professeur et critique éminent, a inséré dans le *Recueil des travaux de la commission des monuments historiques de la Gironde*,[2] dont il était le président, une notice sur le château de Gironde, d'où nous extrayons ce qui suit : « L'emplacement occupé par la tour est évidemment celui sur lequel Charlemagne fit élever le palais de Cassinogilum, dont les ruines existaient encore au xie siècle, d'après le témoignage d'Aimoin et de la chronique de Condom...... Il n'y aurait rien d'invraisemblable à ce que le débris intéressant dont nous nous occupons fût la tour même construite par Charlemagne à l'embouchure du Dropt, et que le moine Aimoin retrouva presque entier, lorsqu'il voyageait dans le pays, l'an 1004, etc., etc. »

A l'époque où ces lignes étaient tracées, les ruines de Gironde subsistaient encore, et M. Rabanis avait eu fréquemment l'occasion de les visiter.

Enfin, nous devons à l'amitié d'un homme de grand sens, M. Alphonse Sangues, membre lui aussi de la Commission des monuments historiques, de consciencieuses observations sur les monuments qui nous occupent. Nous croyons être agréable au lecteur en les reproduisant textuellement. « Au moment, nous écrivait-il, où fut publiée cette notice (celle de M. Rabanis), Mme Exhaw, propriétaire dans la commune de Casseuil, de la terre de Montauban, trouva en faisant arracher des vignes au-dessous de sa maison d'habitation, les fondements de plusieurs murs traçant l'emplacement d'un bâtiment qui paraissait avoir été très-étendu.

« Les briques intercalées dans le moellon, le revêtement des murs formé de petites pierres carrées, le ciment romain dont il

---

[1] *Notice sur La Réole*, p. 268.   [2] Année 1845-1846, page 33.

avait été fait usage, tout, dans la maçonnerie de cette construction, en attestant à nos yeux l'antiquité des ruines découvertes, nous donna la pensée qu'on venait de retrouver les restes du *Cassinogilum*, château de Casseuil, où était né Louis-le-Débonnaire.

« Nos conjectures, fortifiées par l'opinion de M. Dupin, auteur de l'*Histoire de l'arrondissement de La Réole*, avaient déjà été communiquées à M. Rabanis, lorsque les travaux exécutés pour la construction du chemin de fer de Bordeaux à Cette vinrent révéler d'autres faits propres à éclairer la question qui nous occupe.

« De nouveaux murs, où la brique se trouvait mêlée au moellon, affectant comme les premiers tous les caractères du style romano-bysantin primordial, furent mis à nu par la pioche des ouvriers du chemin de fer dans la parcelle de vigne de Mme Exhaw, susdésignée.

« En même temps que ces découvertes se faisaient à Casseuil, nous constations, en suivant les tranchées et les travaux de nivellement exécutés à Gironde aux abords du château et sur les rives du Dropt : 1° que le mamelon sur lequel s'élevait l'antique tour de Gironde, était ceint d'*un fossé* et d'épaisses murailles, dont les fondements existant encore en certains endroits, étaient d'un style semblable à celui des vestiges découverts sur la propriété de Mme Exhaw ; 2° que les murs de la tour et ses fondements offraient une cohésion telle que, pour les démolir, l'emploi de la mine avait été nécessaire ; 3° qu'en dehors de la tour, sur la plateforme du mamelon, il n'existait, soit en dessus, soit dans la profondeur du terrain, aucun reste de maçonnerie ; 4° que dans les tranchées pratiquées pour asseoir les culées du pont à construire sur le Dropt, au bas et près du mamelon, on avait trouvé à une profondeur de dix mètres, des tables de marbre de forme rectangulaire, et des débris de mur d'une construction pareille à celle des murs d'enceinte.

« En présence du témoignage d'Aimoin, combiné avec nos propres observations, nous conclûmes : 1° que le *Cassinogilum* devait, ainsi que l'indiquait son nom et la tradition, être placé à Casseuil, sur la propriété de Montauban ; 2° que l'ancien monument de Gironde, sis sur une plateforme très-restreinte, ne pouvait être considéré que comme une tour fortifiée, bâtie en même temps que le château voisin, destinée à commander aux vallées du Dropt et de la Garonne, à leur point de jonction. »

Voilà, certes, des faits bien précis, et comme un inventaire authentique de ces *pauvres ruines* de Gironde au moment où elles allaient disparaître pour toujours. Ces observations, dont la netteté aura frappé tous les lecteurs, ne s'accordent-elles pas merveilleusement avec la Chronique Bazadaise et avec le texte même d'Aimoin ? — Il ne reste donc plus que la question de savoir, si ce dernier mérite quelque créance.

Où en serait l'histoire du moyen-âge, si l'on frappait d'une suspicion générale tous nos vieux chroniqueurs, sous le prétexte invoqué par M. O'Reilly, que ce sont de *pauvres historiens*, de *bien faibles autorités?* Eh ! sans doute, personne ne s'est avisé de prétendre, comme dit Voltaire, qu'Aimoin et Frédégaire fussent des de Thou et des Hume.[1] Personne n'a mis ces bons moines sur la même ligne que les Mabillon ou les Guizot. Mais, après tout, ces maîtres de notre histoire n'ont pu, relativement au fait qui nous occupe, comme du reste dans tous ceux où la géographie est en jeu, procéder que par induction. Or, en matière de certitude historique, un témoignage *de visu* vaudra toujours mieux que les conjectures les plus ingénieuses. Aimoin, dont nous discuterons tout-à-l'heure la valeur comme historien, Aimoin a vu ce qu'il nous raconte, *si benè visa recordor*, nous dit-il, avec une charmante simplicité. Il a traversé cet *Aroth* ou *Codrot* où Abbon a failli se noyer, et qu'il est bien autorisé par une juste rancune à traiter de *torrent*. Il ne saurait le confondre avec la

---

[1] *Essai sur les mœurs.* Introduc.

Lède qui ne s'est pas trouvée sur son passage entre la Dordogne et La Réole. La tour en briques *dépendant du Cassignol* est placée au confluent de cet *Aroth* ou *Codrot* et de la Garonne. Voilà des indications claires et positives. Voyons ce qu'on leur oppose.

Trompés sans doute par une certaine analogie de noms, les historiens dont se prévaut M. O'Reilly ont cru voir Cassinogilum dans Casseneuil, sans trop s'inquiéter de savoir si *une flotte* même de *gabarres* a jamais pu être construite dans la Lède, ou plutôt sans tenir compte du témoignage, pourtant assez embarrassant, du moine Aimoin. Il a fallu dès-lors infirmer ce témoignage par des expressions de mépris, et les divers passages rapportés par M. O'Reilly prouvent que les injures ont trop souvent tenu la place des raisons.

Il ne nous en coûte nullement d'avouer, et nous insistons exprès sur ce point, que les annalistes du XIe siècle n'étaient ni des Guizot ni des Thierry. Ils ne connaissaient pas ce qu'on appelle pompeusement de nos jours *la philosophie de l'histoire*, mais en nous conservant le souvenir des événements arrivés en ces temps de barbarie, où eux seuls étaient en état de les écrire, ils ont rendu à la civilisation et aux lettres un inappréciable service qui mériterait autre chose que nos dédains. « L'an 540 de notre ère, dit Châteaubriand,[1] saint Benoît jeta au mont Cassin, en Italie, les fondements de l'ordre célèbre qui devait, par une triple gloire, convertir l'Europe, défricher ses déserts, et rallumer dans son sein le flambeau des sciences ? »

Qu'ajouter à ce magnifique éloge? Tous ces *pauvres moines* ne vous semblent-ils pas bien vengés?

Pour adjuger le palais de Charlemagne à Casseneuil dans l'Agenais, Mabillon se fonde sur ce passage de l'Astronome : « Charlemagne laissa Hildegarde à Cassinogilus et passa la Garonne aux

---

[1] *OEuvres compl.* t. XVII, p. 23.

confins des Aquitains et des Gascons » mais ce même Astronome, dans la *vie de Louis le Débonnaire*, dit que « la Garonne sert de limite entre les Gascons et les Aquitains. » D'où il suit que Charlemagne a franchi cette limite en quelque lieu qu'il ait passé la Garonne. Il y a mieux ; nous trouvons dans un autre ouvrage de M. l'abbé O'Reilly[1] que « Charlemagne fonda à La Réole, en 777, un monastère de Bénédictins, et qu'il arriva à Bazas, etc., etc. » N'est-il pas naturel de penser qu'il parlait alors de Casseuil et qu'il traversa la Garonne à La Réole ?

Nous devrions peut-être terminer là cette trop longue réponse à M. l'abbé O'Reilly ; mais comme dans la note déjà citée, il avance que le nom de Casseuil ne se trouve nulle part que chez *nos modernes fabricateurs d'histoires*, nous tenons à relever ce qu'une pareille assertion a de hasardé, et à prouver à l'honorable historien de Bordeaux que dans l'autre camp se rencontrent aussi des écrivains d'un vrai mérite qui se sont permis de penser autrement que Daniel et Mabillon. Indépendamment de MM. Dupin et Rabanis, dont le grave témoignage a déjà passé sous les yeux du lecteur, un auteur dont le nom fait autorité, M. l'abbé Monlezun, a écrit au sujet du point en question, les lignes suivantes, qui sont certes on ne peut plus affirmatives :

« ..... Ces mesures furent surtout arrêtées, *non* comme l'écrivent la plupart des historiens, au château de *Casseneuil*, situé au confluent de la Garonne et du Lot (M. Monlezun commet ici lui-même une erreur géographique), *mais à Casseuil*, château situé à une lieue de La Réole, à l'embouchure du Drot dans la Garonne. Charlemagne s'y était reposé quelque temps avant de marcher contre les Musulmans, et y avait laissé la reine Hildegarde.[2] »

---

[1] *Histoire de Bazas*, p. 72.
[2] *Histoire de la Gascogne*, t. I, p. 304.

Écoutons maintenant Alexandre Mazas, l'estimable auteur du *Cours d'Histoire de France* :

« Du canton de La Réole dépend la commune de Casseuil, dont le territoire abonde en antiquités de différents âges. On y remarque les derniers débris d'un château qui fut, suivant les chroniqueurs de l'Aquitaine, une des habitations de Waïffre. Charlemagne la fit réparer et la choisit pour une de ses résidences. Ce prince, partant pour l'expédition d'Espagne, y laissa Hildegarde, sa troisième femme. Elle y mit au monde, au bout de quelques mois, un fils qui fut Louis-le-Débonnaire. Des écrivains, trompés par la similitude des noms, ont avancé que cet empereur avait vu le jour à Cassenueil, petite ville située aujourd'hui dans le département de Lot-et-Garonne. Les *particularités rapportées par les annalistes s'appliquent essentiellement au village du district de La Réole*.[1] »

Enfin, M. O'Reilly croit voir avec Mabillon, dans l'église de Sainte-Livrade, dont il attribue la construction à Charlemagne, « un témoin silencieux, mais éloquent », qui dépose en faveur de sa thèse ; mais M. Ducourneau,[2] qu'on n'accusera pas d'avoir mis en oubli ce qui peut rehausser la gloire de l'Agenais ; mais M. Cassany-Mazet,[3] qui voit, lui aussi, le Cassinogilum dans Casseneuil, n'ont pas cru devoir étayer leur prétention d'un semblable argument. Tous deux, au contraire, reconnaissent en termes à peu près identiques que Sainte-Livrade fut *un prieuré de bénédictins fondé sous Charles-le-Simple, vers l'année* 920. — Qu'importe, après cela, l'opinion de Monachus, de Bertius et de beaucoup d'autres qui ont dû nécessairement accepter, peut-être sans examen suffisant, ce que leurs devanciers avaient déjà écrit sur le même sujet? Pour se soustraire aux preuves que

---

[1] *La Guienne, le Languedoc et la Provence*, p. 68.
[2] *Guienne historique et monumentale*, 4ᵉ partie, p. 4.
[3] *Essai sur le IVᵉ arrondissement du départ. de Lot-et-Garonne*, p. 127.

nous croyons avoir administrées, il faudrait commencer par établir d'une manière irréfragable que le moine Aimoin, le compagnon et l'ami de saint Abbon, fût un insigne menteur, car ce qu'il raconte, il doit être sûr de l'avoir vu. « *Si bene visa recordor.* » Or, est-il permis de supposer que sa mémoire fût assez infidèle pour lui rappeler comme vues à Casseuil et à Gironde, sur la rive du torrent Quodrot, auquel il garde rancune, des choses qu'il aurait réellement vues à Casseneuil dans l'Agenais ? D'un autre côté, comment serait-il possible de révoquer en doute l'authenticité de la *Vie de saint Abbon*, par exemple, lorsque, à propos du voyage en Aquitaine, l'auteur écrit ces propres paroles :

« ... *Tandem talibus impulsus allegationibus, secundò iter arripit hos et monachos itineris comites assumens suprà nominatum Remigium* MEQUE QUI HŒC SCRIBO AIMONIUM. » Il faudrait être un impudent faussaire (et faussaire, dans quel intérêt ?) pour substituer ainsi des romans à la vérité historique. Le ton de candeur et de naïveté qui règne dans tout le récit d'Aimoin exclut jusqu'à la pensée d'une fraude réservée à des temps plus civilisés.

Nous concluons donc que le château royal de Charlemagne était à Casseuil, à l'embouchure du Drot, et non à Casseneuil dans l'Agenais.[1]

---

[1] M. l'abbé O'Reilly nous a fait l'honneur de combattre les observations qui précèdent dans le 2ᵐᵉ volume (Iʳᵉ Partie de son grand ouvrage, p. 6 et suiv.) — Sa seconde dissertation ne nous ayant pas paru apporter de nouveaux éléments au débat, nous n'avons pas cru devoir le prolonger.

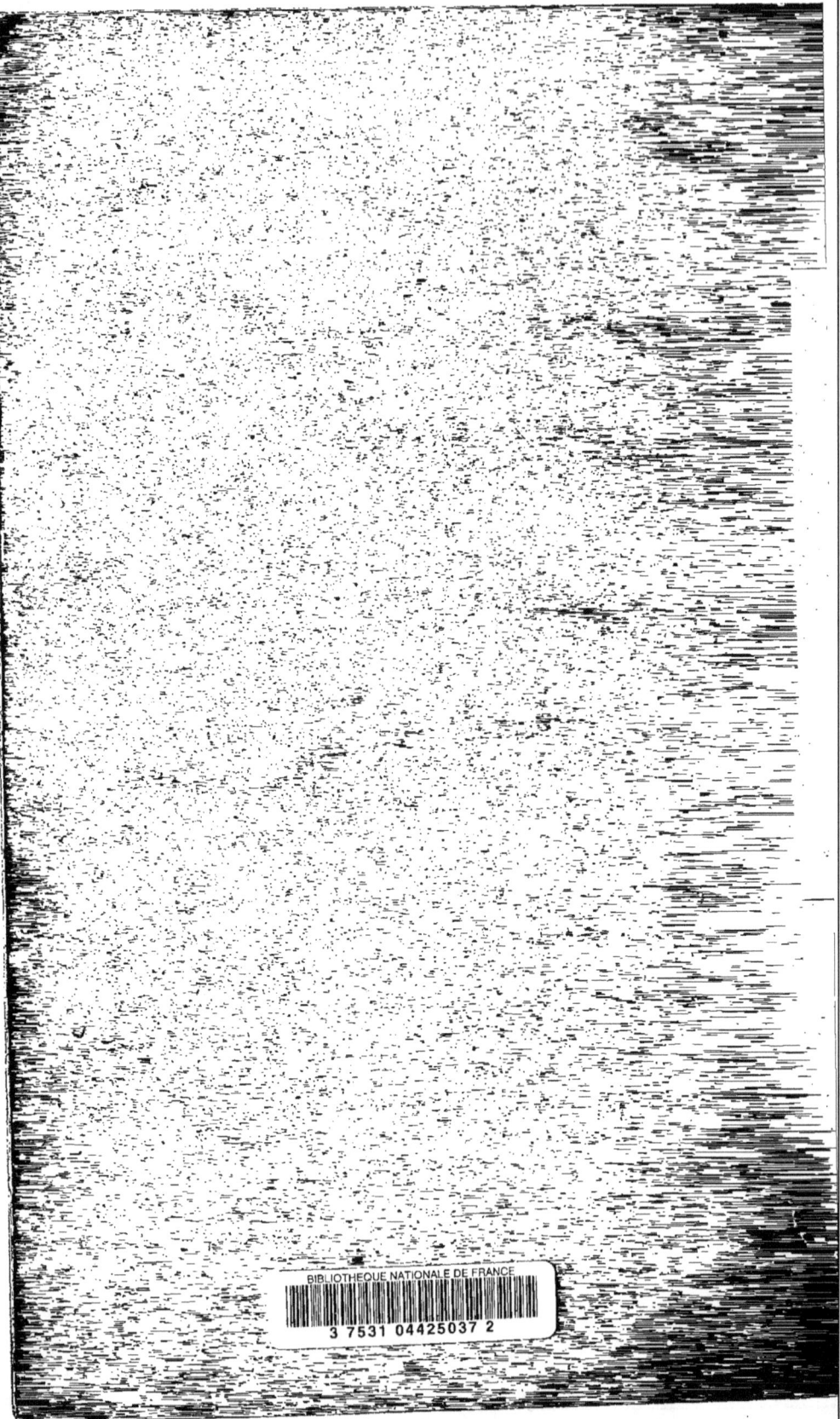

www.ingramcontent.com/pod-product-compliance
Lightning Source LLC
Chambersburg PA
CBHW060451050426
42451CB00014B/3267